# Alrededor de la casa

**Figuras**

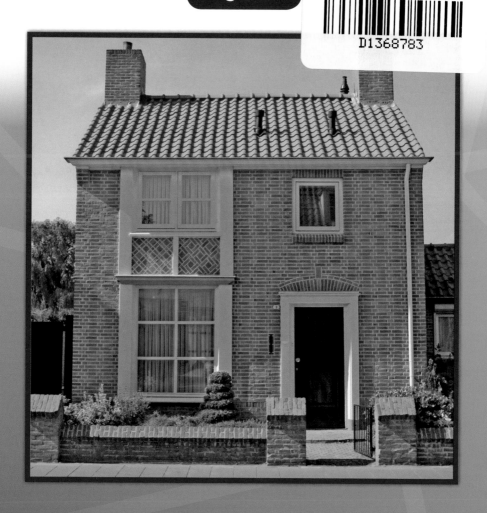

James D. Anderson

## Asesoras

**Chandra C. Prough, M.S.Ed.**
National Board Certified
Newport-Mesa
  Unified School District

**Jodene Smith, M.A.**
ABC Unified School District

## Créditos

Dona Herweck Rice, *Gerente de redacción*
Robin Erickson, *Directora de diseño y producción*
Lee Aucoin, *Directora creativa*
Conni Medina, M.A.Ed., *Directora editorial*
Rosie Orozco-Robles, *Editora asociada de educación*
Neri Garcia, *Diseñador principal*
Stephanie Reid, *Editora de fotos*
Don Tran, *Diseñador*
Rachelle Cracchiolo, M.S.Ed., *Editora comercial*

## Créditos de las imágenes

p.4 Robert Elias/Dreamstime; p. 16 Dori O'Connell/iStockphoto; p. 28 Michael DeLeon/iStockphoto; All other images: Shutterstock

## *Teacher Created Materials*

5301 Oceanus Drive
Huntington Beach, CA 92649-1030
http://www.tcmpub.com
**ISBN 978-1-4333-4399-5**
© 2012 Teacher Created Materials, Inc.

# Tabla de contenido

3

# ¡Figuras!

# Puedes encontrar figuras por la casa.

# rectángulo

# cuatro lados

# cuatro **esquinas**

# rectángulos

# cuadrado

# cuatro lados **iguales**

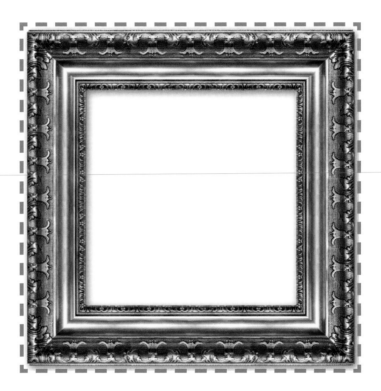

# cuatro esquinas

# cuadrados

# triángulo

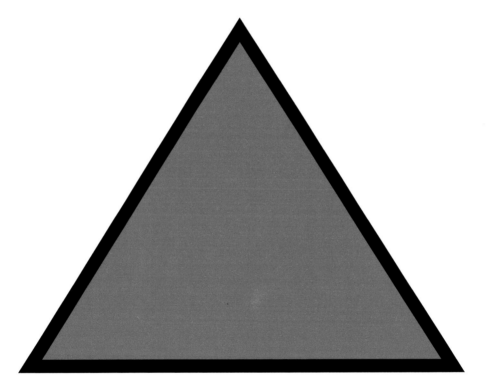

# tres lados

# tres esquinas

# triángulos

# círculo

# redondo

# sin esquinas

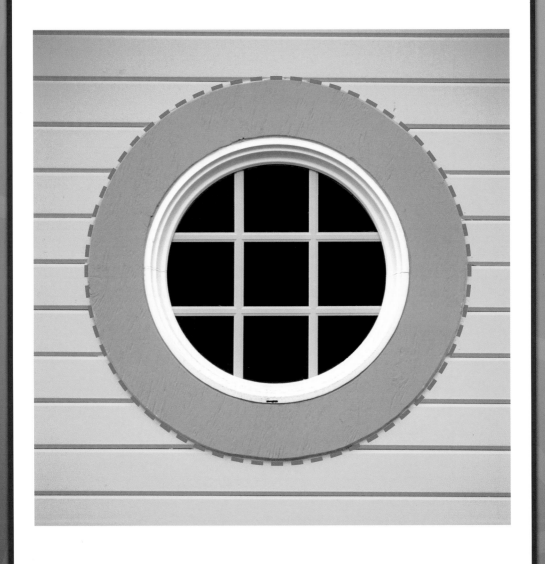

# círculos

# Encuentra las figuras en esta casa.

# ¡Figuras!

# Encuentra los círculos y los cuadrados.

# Encuentra los triágulos y los rectangulos.

# ¿Cómo puedes usar los palitos de madera para hacer figuras?

**Materiales**

✓ palitos de madera

✓ pegamento

**1** Haz un rectángulo.

**2** Haz un cuadrado.

**3** Haz un triángulo.

**4** ¿Puedes hacer un círculo?

# Glosario

**círculo**—una figura redonda sin lados ni esquinas

**cuadrado**—una figura con cuatro lados iguales y cuatro esquinas

**esquinas**—los puntos en donde dos lados se encuentran

**igual**—la misma longitud

**rectángulo**— una figura con cuatro lados y cuatro esquinas

**triángulo**—una figura con tres lados y tres esquinas

# ¡Inténtalo!

## Páginas 24–25:

círculos:

cuadrados:

## Páginas 26–27:

rectángulos:

triángulos:

# Resuelve el problema

Los estudiantes deberían crear rectángulos, cuadrados y triángulos usando palitos de madera. Los estudiantes deberían reconocer que no se puede hacer un círculo con palitos debido a que no tiene lados rectos y no tiene esquinas.